Explora la ANTÁRTIDA

Bobbie Kalman y Rebecca Sjonger

🌳 Crabtree Publishing Company

www.crabtreebooks.com

Creado por Bobbie Kalman

Dedicado por Rebecca Sjonger
A Richard y Nicole Matthews, los mejores vecinos que he tenido

Editora en jefe
Bobbie Kalman

Equipo de redacción
Bobbie Kalman
Rebecca Sjonger

Editora de contenido
Kelley MacAulay

Editores
Molly Aloian
Michael Hodge
Kathryn Smithyman

Investigación fotográfica
Crystal Foxton

Diseño
Katherine Kantor

Coordinadora de producción
Heather Fitzpatrick

Técnica de preimpresión
Nancy Johnson

Consultora
Emma J. Stewart, estudiante de doctorado y becaria Trudeau,
Departamento de Geografía, University of Calgary

Consultor lingüístico
Dr. Carlos García, M.D., Maestro bilingüe de Ciencias, Estudios Sociales y Matemáticas

Ilustraciones
Barbara Bedell: páginas 14, 18, 21 (kril y ballena), 30
Katherine Kantor: páginas 4 (mapa), 5, 8 (parte superior), 20, 22
Robert MacGregor: portada (mapa), contraportada (mapa), páginas 6, 7, 8 (parte inferior),
    10, 15 (mapa), 16 (mapa), 19 (mapa), 26 (mapa)
Vanessa Parson-Robbs: páginas 17, 25 (parte inferior), 27
Bonna Rouse: páginas 4 (estrella de mar), 16 (foca y estrella de mar), 21 (foca), 25 (parte superior)
Margaret Amy Salter: portada (copos de nieve), páginas 4 (pingüino), 12 (copos de nieve)

Fotografías
© Ann Hawthorne/Arcticphoto.com: páginas 24-25
© CanStockPhoto.com: página 9
Corbis: © Bettmann: página 22; © Graham Neden/Ecoscene: página 28
© Oleg Ivanov/Fotolia.com: página 14 (hielo)
Minden Pictures: Colin Monteath/Hedgehog House: página 27
Photo Researchers, Inc.: J.G. Paren: página 11
SeaPics.com: © Bryan y Cherry Alexander: página 30; © Ingrid Visser: página 23
© Emma J. Stewart: páginas 26, 31 (parte superior)
Imagen cortesía de Michael Studinger, Lamont-Doherty Earth Observatory,
    Columbia University: página 14 (capa de hielo continental)
Visuals Unlimited: Fritz Polking: páginas 12-13
Otras imágenes de Digital Vision y Eyewire

Traducción
Servicios de traducción al español y de composición
de textos suministrados por translations.com

Library and Archives Canada Cataloguing in Publication

Kalman, Bobbie
    Explora la Antártida / Bobbie Kalman y Rebecca Sjonger.

(Explora los continentes)
Includes index.
Translation of: Explore Antarctica.
ISBN 978-0-7787-8288-9 (bound).--ISBN 978-0-7787-8296-4 (pbk.)

    1. Antarctica--Geography--Juvenile literature. I. Sjonger,
Rebecca
II. Title. III. Series.

G863.K3418 2007   j919.8'9   C2007-904769-6

Library of Congress Cataloging-in-Publication Data

Kalman, Bobbie.
    [Explore Antarctica. Spanish]
    Explora la Antartida / Bobbie Kalman y Rebecca Sjonger.
        p. cm. -- (Explora los continentes)
    Includes index.
    ISBN-13: 978-0-7787-8288-9 (rlb)
    ISBN-10: 0-7787-8288-3 (rlb)
    ISBN-13: 978-0-7787-8296-4 (pb)
    ISBN-10: 0-7787-8296-4 (pb)
    1. Antarctica--Juvenile literature. I. Sjonger, Rebecca. II. Title.
III. Series.

G863.K3518 2008
919.8'9--dc22
                                                                2007030637

Crabtree Publishing Company

www.crabtreebooks.com   1-800-387-7650
Copyright © **2008 CRABTREE PUBLISHING COMPANY**. Todos los derechos reservados. Se prohíbe la reproducción total o parcial de esta obra, su almacenamiento en un sistema de recuperación o su transmisión en cualquier forma y por cualquier medio, ya sea electrónico o mecánico, incluido el fotocopiado o grabado, sin la autorización previa por escrito de Crabtree Publishing Company. En Canadá: Agradecemos el apoyo económico del gobierno de Canadá a través del programa Book Publishing Industry Development Program (Programa de desarrollo de la industria editorial, BPIDP) para nuestras actividades editoriales.

Publicado en Canadá
Crabtree Publishing
616 Welland Ave.
St. Catharines, Ontario
L2M 5V6

Publicado en los Estados Unidos
Crabtree Publishing
PMB16A
350 Fifth Ave., Suite 3308
New York, NY 10118

Publicado en el Reino Unido
Crabtree Publishing
White Cross Mills
High Town, Lancaster
LA1 4XS

Publicado en Australia
Crabtree Publishing
386 Mt. Alexander Rd.
Ascot Vale (Melbourne)
VIC 3032

Contenido

Océanos y continentes

El planeta Tierra está formado por agua y tierra.
Tres cuartas partes del planeta están cubiertas de
agua. Las zonas más grandes de agua se llaman
océanos. Hay cinco océanos en la Tierra. Del más
grande al más pequeño son: el océano Pacífico, el
Atlántico, el Índico, el Antártico y el Ártico.

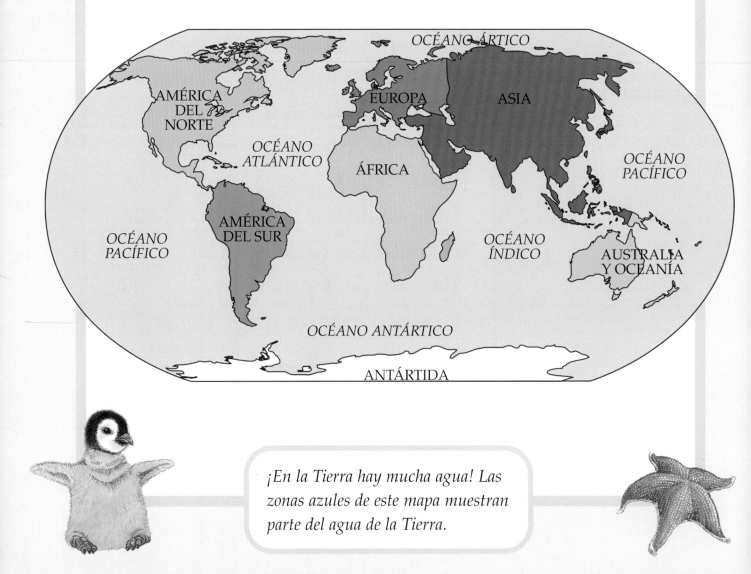

OCÉANO ÁRTICO

AMÉRICA
DEL
NORTE

EUROPA

ASIA

OCÉANO
ATLÁNTICO

ÁFRICA

OCÉANO
PACÍFICO

OCÉANO
PACÍFICO

AMÉRICA
DEL SUR

OCÉANO
ÍNDICO

AUSTRALIA
Y OCEANÍA

OCÉANO ANTÁRTICO

ANTÁRTIDA

*¡En la Tierra hay mucha agua! Las
zonas azules de este mapa muestran
parte del agua de la Tierra.*

Siete continentes

En la Tierra hay siete **continentes**. Los continentes son zonas enormes de tierra. Del más grande al más pequeño, son: Asia, África, América del Norte, América del Sur, Antártida, Europa y Australia y Oceanía.

Datos importantes

Hay dos continentes completamente rodeados de agua: Antártida y Australia y Oceanía.

Cuatro direcciones

En la Tierra hay cuatro **direcciones** principales: Norte, Sur, Este y Oeste. El lugar que está más al norte en la Tierra se llama **Polo Norte**. El extremo sur de la Tierra se llama **Polo Sur**. El clima es frío todo el año en las zonas cercanas al Polo Norte y al Polo Sur.

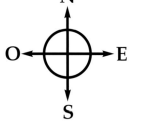

ECUADOR

POLO NORTE

ECUADOR

POLO SUR

El ecuador

El **ecuador** es una línea imaginaria que rodea la Tierra por la mitad. Divide la Tierra en dos partes iguales. En las zonas cercanas al ecuador, el clima es caluroso todo el año.

El hemisferio norte

El **hemisferio norte** es la parte de la Tierra que está entre el ecuador y el Polo Norte.

ANTÁRTIDA

El hemisferio sur

El **hemisferio sur** es la parte de la Tierra que está entre el ecuador y el Polo Sur. La Antártida se encuentra en el hemisferio sur.

El Polo Sur está en la parte inferior de la Tierra. Está en la Antártida.

¡Bienvenidos a la Antártida!

La Antártida es el continente que está en el extremo sur de la Tierra. Allí casi siempre hace un frío helado. La tierra está cubierta de hielo y nieve. El frío océano Antártico rodea la Antártida. Alrededor de la Antártida también hay **mares**. Un mar es una pequeña zona de un océano que tiene tierra alrededor.

OCÉANO ANTÁRTICO

MAR DE WEDDELL

MAR DE BELLINGS-HAUSEN

MAR DE DAVIS

MAR DE ROSS

OCÉANO ANTÁRTICO

OCÉANO ANTÁRTICO

Los dos mares más grandes alrededor de la Antártida son el mar de Ross y mar de Weddell.

Ningún país

La Antártida es el único continente que no tiene **países**. Un país es una parte de un continente que tiene **fronteras** y un **gobierno**. Las fronteras son las zonas donde un país termina y otro empieza. Un gobierno es un grupo de personas que toman las decisiones para un país. La Antártida no tiene gobierno. Las decisiones relacionadas con la Antártida las toman los gobiernos de países que están en otros continentes (ver páginas 24 y 25).

Luz y oscuridad

La Tierra se mueve alrededor del Sol y necesita un año para dar una vuelta completa. La Tierra está inclinada. Esta inclinación hace que durante la mitad del año, el hemisferio sur apunte al Sol. Durante el resto del año, la inclinación hace que el hemisferio sur apunte en dirección opuesta al Sol.

HEMISFERIO NORTE

ECUADOR

HEMISFERIO SUR

INCLINACIÓN DE LA TIERRA

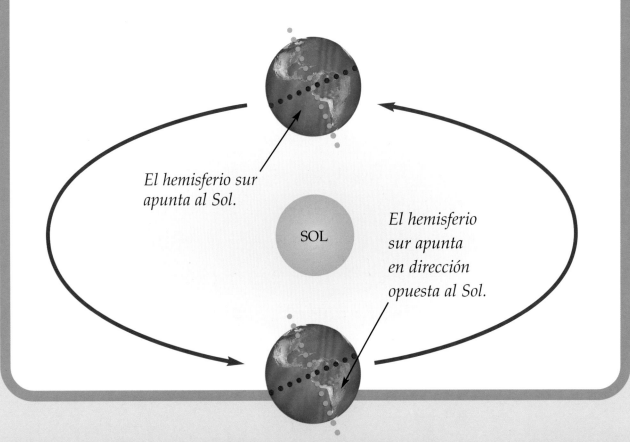

El hemisferio sur apunta al Sol.

SOL

El hemisferio sur apunta en dirección opuesta al Sol.

¿De día o de noche?

Cuando el hemisferio sur apunta al Sol, la Antártida recibe gran cantidad de luz solar. El Sol brilla día y noche durante seis meses. Cuando el hemisferio sur apunta en la dirección opuesta al Sol, la Antártida recibe muy poca luz solar. Está oscuro de día y de noche durante seis meses.

Esta fotografía muestra la Antártida cuando el hemisferio sur apunta al Sol. Es de noche, pero el sol sigue brillando.

Un continente frío

El **clima** es el estado del tiempo típico de una región. El clima incluye el viento, la lluvia, la nieve y la temperatura. La Antártida tiene clima frío todo el año porque está lejos del ecuador. La Antártida tiene dos estaciones principales: un invierno muy largo y un verano muy corto.

Seca y ventosa

La Antártida es muy seca. En la mayor parte del continente casi no llueve. Cada año, nieva un poco. Todo el año, soplan vientos helados por el continente. Cuando los vientos soplan con nieve, se forma una tormenta que se llama **ventisca**.

Los pingüinos tienen plumas gruesas. Las plumas abrigan a los pingüinos durante las ventiscas.

Cubierta de hielo

Casi toda la Antártida está cubierta por una capa de hielo muy gruesa que se llama **capa de hielo continental**. En casi todas partes, esta capa de hielo continental mide una milla (1.6 km) de grosor.

Datos importantes

¡En la capa de hielo continental hay suficiente hielo para hacer más de trece millones de cubitos!

Plataformas de hielo

En algunos lugares, la parte superior del océano Antártico se congela y forma capas enormes de hielo. Estas plataformas de hielo flotan en el océano. A veces, el hielo se une a la **costa** de la Antártida. Una costa es la parte de la tierra que está junto a un océano o un mar. Una capa de hielo flotante unida al hielo sobre la tierra se llama **plataforma de hielo**.

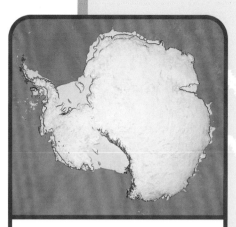

Las zonas de color azul claro de este mapa muestran plataformas de hielo. Las plataformas de hielo están a lo largo de partes de la costa de la Antártida.

plataformas
de hielo

La plataforma de hielo de Ross está en la costa de la Antártida. Está en el mar de Ross y es la plataforma de hielo más grande del mundo.

Las tierras de la Antártida

En la Antártida hay muchas **montañas**. Las montañas son zonas altas de tierra con laderas empinadas. Son una clase de **accidente geográfico**. Un accidente geográfico es una zona de tierra con formas particulares.

Las montañas del centro

Los montes Transantárticos son una enorme **cordillera** en el centro de la Antártida. Una cordillera es una línea de montañas. Estas montañas dividen la Antártida en dos mitades: la mitad este y la mitad oeste.

montes Transantárticos

En la Antártida también hay **islas**.

PENÍNSULA ANTÁRTICA

MITAD ESTE DE LA ANTÁRTIDA

MITAD OESTE DE LA ANTÁRTIDA

La península Antártica

En la costa oeste de la Antártida hay una gran **península**. Una península es una zona de tierra que está unida a una zona más grande de tierra y que se extiende en el agua. Esta península se llama península Antártica.

En la península Antártica se encuentran muchas clases de pingüinos y focas.

Muy pocas plantas

Muy pocas plantas pueden crecer en la Antártida. La mayoría de las plantas necesita luz solar y agua para crecer. La Antártida está a oscuras la mitad del año y recibe muy poca lluvia. Las plantas que crecen en la Antártida se llaman líquenes, musgos y algas. Crecen en la costa, pero solamente en el verano, cuando parte del hielo se derrite.

Datos importantes

La Antártida es el único continente donde no crecen árboles.

En la Antártida soplan vientos muy fuertes. Las plantas crecen a poca altura del suelo para que los vientos fuertes no se las lleven.

Las zonas verdes de este mapa muestran dónde crecen las plantas antárticas en el verano.

Las plantas de la península

La mayoría de las plantas de la Antártida crecen en la península Antártica. En el verano, la península Antártica es más cálida que el resto del continente. Una de las razones de esto es que la península está más cerca del ecuador.

Estas plantas crecen en la península Antártica.

Los animales de la Antártida

Muy pocos animales pueden vivir en las tierras antárticas. El clima en la tierra es demasiado frío, seco y ventoso para la mayoría de los animales. Los insectos son los únicos animales que viven en la Antártida todo el año. Algunas **aves marinas** pasan parte del tiempo en la tierra de la Antártida.

Los pingüinos emperadores son aves marinas. Viven en el océano Antártico. Van a la tierra de la Antártida para tener crías.

Aguas concurridas

En el océano Antártico que rodea la Antártida viven muchos animales. Allí viven millones de animales diminutos llamados kril. La mayoría de los otros animales del océano Antártico comen kril. Algunos animales que comen kril son las focas de Weddell, las focas cangrejeras y las ballenas jorobadas.

foca de Weddell

kril

Animales viajeros

Algunos animales viven en el océano Antártico solamente en el verano. En el invierno, este océano es demasiado frío para la mayoría de los animales. Antes de que el invierno comience, los animales nadan hacia el norte. Van al océano Pacífico o al Atlántico. El agua de estos océanos es mucho más cálida.

Las ballenas jorobadas viven en el océano Antártico solamente en el verano.

La exploración de la Antártida

Los cazadores descubrieron la Antártida hace unos 200 años. Poco tiempo después, **exploradores** de muchos países viajaron allí. Los exploradores son personas que viajan para aprender acerca de los lugares que visitan. Muchos exploradores querían ser los primeros en llegar al Polo Sur.

El 14 de diciembre de 1911, un explorador noruego llamado Roald Amundsen y su equipo fueron las primeras personas en llegar al Polo Sur. Amundsen es el hombre que sostiene la cámara fotográfica.

¡Mataron demasiados!

Los cazadores que descubrieron la Antártida buscaban un tipo de focas conocido como osos marinos. Creían que estos animales eran **recursos naturales**. Los recursos naturales son cosas que se encuentran en la naturaleza y que las personas venden para hacer dinero. Usaban los osos marinos para hacer ropa y venderla. En pocos años, los cazadores mataron casi un millón de osos marinos en la Antártida. También mataron miles de otros animales del océano Antártico. Finalmente, algunas personas se dieron cuenta de que los animales de la Antártida necesitaban protección. Si no los protegían, los cazadores podrían matarlos a todos.

Estos son osos marinos. En el pasado, eran cazados en la Antártida.

El Tratado Antártico

En 1959, doce países firmaron el **Tratado Antártico**. Un tratado es un acuerdo que dos o más países firman. Los países que firmaron el Tratado Antártico estuvieron de acuerdo en crear normas para proteger la tierra y los animales del continente. Por ejemplo, una norma dice que no puede haber guerra en la Antártida. La Antártida está protegida para que los científicos puedan hacer **investigaciones** allí. Hacer investigaciones es estudiar algo para conocerlo más. Algunos científicos de la Antártida hacen investigaciones sobre la tierra y los animales.

Las banderas de los primeros doce países que firmaron el Tratado Antártico aún ondean en el Polo Sur.

El tratado actual

Actualmente, 45 países han firmado el Tratado Antártico. Algunos de esos países son los Estados Unidos, Canadá, Rusia, el Reino Unido y Noruega. Los 45 países se aseguran de que todos los países del mundo obedezcan las normas del Tratado Antártico.

Los osos marinos ahora están protegidos por el Tratado Antártico.

Protección de los recursos

El Tratado Antártico tiene normas que protegen los recursos naturales de la Antártida. Por ejemplo, en la Antártida ya no se permite cazar animales. Tampoco se permite cavar el suelo para buscar recursos naturales como el oro. Las excavaciones para buscar recursos podrían destruir los lugares donde viven los animales.

La merluza negra vive en las aguas que rodean la Antártida. Muchas personas solían pescarla, pero ahora está protegida por el Tratado Antártico.

Las personas en la Antártida

Cerca de 4,000 personas viven y trabajan en la Antártida cada verano. En invierno, solamente se quedan unas 1,000 personas. La mayoría de ellas son científicos. Los científicos hacen investigaciones allí. Viven en grupos de edificios llamados **estaciones de investigación**. Hay 58 estaciones de investigación en la Antártida. Sin embargo, en algunas de ellas ya no hay personas trabajando.

Sanae III (Sudáfrica)   Syowa (Japón)
New Halley (Reino Unido)   Mawson (Australia)
Amundsen-Scott (Estados Unidos)   Vostok (Rusia)
Base Scott (Nueva Zelanda)   Dumont d'Urville (Francia)

En este mapa se muestran varias estaciones de investigación de la Antártida. Está escrito el nombre de cada estación de trabajo, y luego en paréntesis, el nombre del país al que pertenece.

Esta estación de investigación se llama Base Scott. Es propiedad de Nueva Zelanda.

Turistas en la Antártida

Cada año, casi 30,000 **turistas** visitan la Antártida. Los turistas son personas que viajan a un lugar por diversión. Muchos turistas visitan la Antártida porque también quieren aprender acerca del continente. Las **agencias de turismo** llevan turistas a la Antártida y se aseguran de que no dañen los animales ni la tierra.

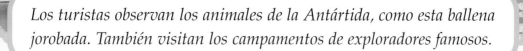

Los turistas observan los animales de la Antártida, como esta ballena jorobada. También visitan los campamentos de exploradores famosos.

Calentamiento global

En la Antártida, muchos científicos estudian el **calentamiento global**. El calentamiento global es el calentamiento de la Tierra y sus océanos. El uso de **combustibles** como el carbón y el petróleo es una de las causas del calentamiento global. Estos combustibles se queman para hacer funcionar los autos y calentar las casas.

*Este científico está soltando un **globo meteorológico**. Los científicos usan estos globos para saber si algunas zonas de la Antártida se han calentado.*

La inundación de la tierra

El calentamiento global hace que el clima se vuelva más cálido. Cuando el clima es más cálido, el hielo de la Antártida empieza a derretirse. Si se derrite demasiado hielo, los océanos de todo el mundo tendrán más agua. Si hay demasiada agua en los océanos, las costas de todos los continentes se inundarán.

¡Enfriémoslo!

Las personas pueden ayudar a la Antártida al reducir el calentamiento global. Pueden andar en bicicletas en lugar de autos. Pueden apagar las luces y computadoras que no están usando. Si las personas hacen estas cosas, se quemará menos combustible.

A medida que la Antártida se calienta, grandes trozos de plataformas de hielo se separan y entran en el océano Antártico.

29

Postales de la Antártida

¡La Antártida es uno de los lugares más insólitos de la Tierra! Miles de turistas viajan a este continente de hielo todos los años. Estas son algunas de las cosas que se pueden ver en la Antártida.

Los valles secos son zonas que están entre los montes Transantárticos. Estas zonas son muy parecidas a Marte. Los científicos estudian estos valles para saber más acerca de Marte. Muchos turistas también visitan los valles secos.

Sir Ernest Shackleton exploró la Antártida en 1907 y construyó este refugio en el cabo Royds. Vivió en el refugio durante parte de los dos años que pasó explorando este continente. Hoy, muchos turistas visitan el refugio de Shackleton en cabo Royds.

Los **icebergs** son enormes trozos de hielo. Flotan en el océano Antártico alrededor del continente. Los pingüinos y las focas descansan en los icebergs.

31

Glosario

Nota: Es posible que las palabras en negrita que están definidas en el texto no figuren en el glosario.

agencia de turismo (la) Empresa que lleva turistas en viajes a lugares lejanos

ave marina (el) Ave que pasa la mayor parte de su tiempo en los océanos

capa de hielo continental (la) Capa muy gruesa de hielo que cubre la mayor parte de la Antártida

combustible (el) Material como el petróleo o el carbón que se quema para generar energía

estación de investigación (la) Grupo de edificios donde las personas viven y hacen investigaciones

globo meteorológico (el) Globo que los científicos sueltan al aire para obtener información sobre la temperatura y los vientos de una zona

isla (la) Zona de tierra completamente rodeada de agua

Tratado Antártico (el) Acuerdo entre muchos países que declaran que la Antártida se preserva como un lugar de paz para la investigación científica

ventisca (la) Tormenta de fuertes vientos y nieve

Índice

Impreso en Canadá